Oferenda

Antonio Caetano

© Antonio Caetano, 2024
Todos os direitos desta edição reservados à Editora Labrador.

Coordenação editorial Pamela Oliveira
Assistência editorial Leticia Oliveira, Vanessa Nagayoshi
Direção de arte Amanda Chagas
Projeto gráfico Marina Fodra
Diagramação Nalu Rosa
Capa Fernando Zanardo
Preparação de texto Lívia Lisbôa
Revisão Vinícius E. Russi
Fotografia da capa Joel Filipe

Dados Internacionais de Catalogação na Publicação (CIP)
Jéssica de Oliveira Molinari - CRB-8/9852

Caetano, Antonio
  Oferenda / Antonio Caetano.
  São Paulo : Labrador, 2024.
  64 p.

  ISBN 978-65-5625-724-2

  1. Poesia brasileira I. Título

24-4682   CDD B869.1

Índice para catálogo sistemático:
1. Poesia brasileira

Labrador

Diretor-geral Daniel Pinsky
Rua Dr. José Elias, 520, sala 1
Alto da Lapa | 05083-030 | São Paulo | SP
contato@editoralabrador.com.br | (11) 3641-7446
editoralabrador.com.br

A reprodução de qualquer parte desta obra é ilegal e configura
uma apropriação indevida dos direitos intelectuais e patrimoniais
do autor. A editora não é responsável pelo conteúdo deste livro.
Esta é uma obra de poesia. Apenas o autor pode ser responsabilizado
pelos juízos emitidos.

Uma montanha
Atrás dela, o longínquo caminho
No alto dela, a amplitude
Acima dela, o altíssimo

Dedicado à Vivaldina (*in memoriam*),
minha mãe, uma mestra, no sentido primordial
da palavra, uma mulher iluminada.
À Ana Cristina, Tina, Ana Cris, (*in memoriam*),
minha irmã, arquiteta e urbanista,
humanista; esta palavra a traduzia bem.
A elas, minha poesia, meu amor e reverência.

Quando, em 2012, lancei *O café que saboreio*, pela editora Miró, acreditava que, em mais dois ou quatro anos, no máximo, estaria lançando um novo livro de poesias, tais eram a força e a motivação do momento em que realizava um sonho primordial. Não sabia da turbulência dos tempos vindouros.

Tem certos momentos da vida que, a cada passo dado, parece que o chão desaparece à sua frente e, por isso, é necessário ir devagar, confiando no chão que se pisou e deixou quilômetros de estrada atrás de você, e se apegar a quem segue ao seu lado, a quem se reverencia e a quem, de maneira direta ou indireta, depende de você. Foram anos pisando com cuidado o caminho, não só para achar o norte, encoberto pela neblina, atravessando vales, mares, montanhas e desertos, mas também tendo que descer ao Hades.

Quando a pandemia chegou, em 2020, estava agarrado aos destroços da embarcação, colocando a cabeça para fora da água e começando a ver o horizonte, com areia, rochas e montanhas à minha frente, depois de dois tsunamis na vida pessoal e outro na vida social. Aquilo me pareceu anormal, fora do contexto de minha vida pacata e cotidiana, que nada tinha de semelhante a um contexto próprio de Odisseu. Agora, sentia-me ao lado de Ulisses, tentando regressar a Ítaca, mas sem compreender por que estava vivendo, literalmente, aquele drama humano, dando voltas sem chegar ao destino. É diferente quando se vive no contexto da tragédia pessoal ou coletiva e quando a tragédia é seu próprio contexto, quando não se é o autor, e sim o personagem a viver a história. O coronavírus deixou marcas na alma, além de cutucar marcas antigas.

Mesmo que o poeta não busque a poesia, a poesia o está buscando de forma constante e ininterrupta. No final de 2023, já refeito das tragédias, navegando em águas mansas (paradisíacas, às vezes), depois de algumas conversas empolgantes sobre arte e poesia, pensei em parar para escrever e organizar um novo livro. E, para minha surpresa, quando comecei a buscar meus manuscritos e arquivos no computador, percebi que o livro já estava escrito, inclusive o título.

Oferenda é livro situado nos últimos doze anos, de 2012 a 2024. Enquanto, no primeiro livro, situado entre 1985 e 2010, a cidade, as pessoas e o concreto eram minha inspiração, neste, o caráter onírico é mais forte, começando por "Vicentino", que deveria ser o relato de um sonho e saiu poema (...não era um sonho, era um poema...). Assim que li o poema "Oferenda", escrito num caderno de bolso, ainda em rascunho, datado de 12 de junho de 2018, a poesia se fixou em minha cabeça como título e abertura do novo livro. Passei por poesias que nem lembrava bem quando as tinha escrito e, de repente, elas estavam lá, prontas, me chamando para uma conversa, para uma prosa, um sarau, um café com xícara que fumaceia, um novo café que saboreio — e que, aos poetas leitores, eu ofereço.

Sumário

11	Oferenda
12	Encanto
13	Alegria
17	Campo de flores (Passarim)
19	Vicentino
20	Sopro
22	Êxtase
23	Trópicos
25	A Mulher de Cornos
28	Respiro
29	Brilhante
32	Desassossego
34	Guia

36	Flores (12/06/2018)
37	Autorregulação
38	Despertar
40	Felicidade
42	Rosa dos Ventos
45	De Ítaca à Praia Grande
49	Sala
51	O menino
52	Música
53	A Borboleta, o Touro e o Cavalo
56	O sorriso do banguela
57	Zezé
59	Pan
63	Agradecimentos

Oferenda

Te ofereço a paisagem
e as infinitas coisas
que a alma alcança

Te ofereço a beleza
das coisas e da vida

Te ofereço a paz
que existe nas nuvens
e a calma
que na terra descansa

Te ofereço a natureza
pintada na boca,
o mar, a terra,
as casas, a casa,
os vasos, as plantas,
a maturidade anciã
e a juventude da boca

Te ofereço minha língua
Minhas palavras, meus sonhos

Pronto, estou entregue,
Meu corpo e minha alma
Eu sou seu

Encanto

Atravesso não sei por qual via
um lugar que desconheço
ao tentar ver a luz na escuridão
dou de encontro com ela
sem saber que a percebo

Estou envolto em um clarão
que desnorteia e logo tudo
que vejo parece nada

Sigo tateando no escuro-claro
escuto uma suave melodia
de voz encantada
como Milton Nascimento em
Milagre dos Peixes
ou Naná Vasconcelos
em suas trilhas

Sigo calmo
desconfiado do desmedo
tento tocar a melodia
que me soa calma e tranquila
como vida de montanha

Me aproximo do encanto da voz
e ela me toca, sinto a paz

Alegria

Minha cabeça, meu guia
Meus pés, o chão
Meus olhos abarcam
A imensidão

Vem a chuva de prata
A bateria de sons
O surdo bombeia
O meu coração

Tum Tum Tum Tum
A avenida é um rio
E o rio, a vida
Que escuto passando
Em tom sobre tom

A exuberância de cores
A vida regada
De grande ilusão

Vêm ritmos e dentes
Passos e caras
Samba Lêlê Samba Lálá
Vêm ritmo e vida
E memória e passos

Cabeças que giram
Que olham e guiam
Os pés que requebram
O resto do corpo

A vida corre
Num percurso
Tão longo e
Tão curto

Vem um som
De fora e de dentro
O surdo bombeia
Escuto e sigo
E vou e surto
É grande a alegria
Desse mundo

Vêm Veneza
Almirante e Otelo
Cães encarnados
Da memória de
Minha mãe

Vêm Magnólia e
A vaca Estrela
E riachos e cobras

Vem a vida do coco
Que gira a roda

E bate o feijão
E a roda da saia
Da moça encantada
Em tal sedução

Agora é a palma
Que marca
O ritmo da vida
Da evolução

Vem menino
Vem moça
Vem tio
Vem tia
    primo
    prima
    avó
    avô
    vizinho
    vizinha
    amigo
    amiga

Vem o mundo
    Mundinho
    mundão

Vem o ritmo
    a alegria

As palmas marcando
O ritmo dos passos
Do requebro
Do remelexo

Quem samba
Sabe
Da alegria
Da felicidade
Da vida
Das cores
Da exuberância
Em brasa
Em chama

Da memória viva
Da vida das cores
E ritmo pulsante
Que repassa
Alegria
Da Porta-bandeira
Do Mestre-sala

É Carnaval
E nesse dia
Ninguém chora

Minha cabeça guia
Meus pés
Meu chão

Campo de flores
(Passarim)

Ei, Passarim
que sorte
Campo de Flores
Ei, Passarim
Bem-te-vi
Sabiá
sabia não
Sanhaçu
sonho azul
passou um ônibus
Passarim, Passarim
tem gente...
tem gente
tem olhos
que nos olham
aos pares
Passarim
pares de cores
jeitos e tamanhos
tem jeito de alegria
tem jeito de tristeza
jeito de encanto
espanto, encontro
tem uns que olham

e nem veem
tem os que veem
o que olham
e uns que parece
que entram na gente
gente estranha, Passarim
gente que passa
    que fica
    que passa e fica
    Passarim
pacifica
    Passarim
tem gente de guerra e de paz
tem gente que faz e desfaz
o que tá feito
para fazer de outro jeito
    Passarim
Trejeito
tem gosto pra tudo
    banana, maçã e macarrão
gosto de você
amiguim
    de você
    Passarim

Vicentino

Não era um povo
era uma pessoa
não era um sonho
era um poema
não era a vida
era uma encenação
Veloso descido de uma nau
brasileiro nato imitando
o sotaque original
falava das vilas
de São Paulo
vicentino navegando
pelos ares
falava da vida
de cores, terra e barro
a natureza tecendo
seus quadros
a supranatureza
animando-os
não era uma musa
era uma mulher
não era a eternidade
era uma manhã

Sopro

Nasci
fui surgindo ao vento
nasci
coração abrandado
compasso de tambor
um clarão arrebatador
meus olhos não podiam ver

De olhos fechados
contive a escuridão
que aos poucos
fui deixando
passar pela porta
até que toda a
escuridão de meus olhos
mergulhassem no clarão
que pela mesma porta entrou
e a claridade se fez presente

Estava vivo
era claro
e o conforto das águas densas
foi me deixando
para que eu sentisse o ar

Que sutileza, este mergulho

Eu que estava dentro
fui para fora

O ar que estava fora
veio para dentro
numa dança constante
entre mergulhador e mergulhado
ritmada pelo som do tambor

Deixo o mar
para que o ar
viva em mim

Êxtase

Frenesi, êxtase
realidade

Num campo belo
de areias e cores
o céu reflete
uma pintura viva
púrpura reluzente

Uma melodia
que conversa
com a alma

Espectador de mim
atravesso o caminho
e fui ver
o que se passava

Era vivo
Era vida
O anoitecer

Trópicos

Comecei a falar
com meus demônios,
parece loucura,
eu sei,
mas tanta normalidade
é a própria loucura

Quadros, retratos
de pinturas geométricas
dançam sua composição
no ar de minha cabeça

Portinari menos cândido
mais dantesco
reluz no ar da casa
era sombrio,
não ameaçador,
sombrio por natureza
de não ter amanhecido,
sombrio por ser mistério,
que passava por mim
enquanto eu dormia
e eu cantava para
uma criança de colo
que estava na cama

sem saber se era eu
ou parte de mim

Canto um trecho de *Tropicália*
como se cantor eu fosse
e compusesse a melodia,
enquanto olho a criança,
a abertura marcante
de *Terra Brasilis*
na voz de Caetano Veloso
soa no ar,
quebrando a inércia...

...e viva a bossa sa sa
viva a palhoça ça ça ça ça...

Sem saber se pego
o menino no colo
ou se sou pego por ele,
canto a música
de narrativa exuberante...

A Mulher de Cornos

Prata e ouro
gelo e fogo
uma bola de gude
uma chave pequena

Encontro à beira dos cinquenta,
nova metade da vida,
uma bolinha de gude
na praça da Paz

À beira dos cinquenta eu também
encontro uma chave perdida

Do transe dos cinquenta e dois
para os cinquenta e três
encontro a mulher de cornos

Encarado com ela
cornos nos cornos
me vi cego
no desejo de a expor
arrancar-lhe a roupa
e a expor
arrancar-lhe a mentira
e a expor
deixá-la nua

no meio de todos e todas
e a expor
para que fosse
por todos, todas, ultrajada
que filha da puta

Na praça da Paz
encontro os dois elementos
que desconexamente me ligam

A bola de vidro verde-claro
remete à esperança
à alegria do menino
que a perdera
ou esquecera
para que nos encontrasse

A chave pequena
de armário ou baú
num semicerrado clique
abre meus olhos
para um mundo que não vejo
por não ter olhos para ver
ou por temer ter olhos

Sem a paz, na sala
encontro a mulher de cornos
a dissimulação reluzente
ofusca a beleza
num denso mar de cinzas

Prata, Gelo
Ouro, Fogo

Uma bola pequena
Uma chave
Uma mulher

Respiro

Como esvaziar meu coração
tão cheio de sentimentos
diante de tanta intensidade?

Como esvaziar minha mente
tão cheia de signos e imagens
diante desta dimensão?

Ouso ficar quieto por um instante
na minha janela
a lua sorri para mim

Brilhante

Eia, Brilhante!
Estanca o pensar
Trota, trota
Trato, prata
Para, fala
Cala

Eia, Brilhante!
Corisco do mar
Estanca, estanca
Trota, trota
Avança
Cala, fala

Eia, Eia!
Avança
Pisa, despisa
Recua
Trota, trota
Atua

Sim, meu vento veloz
avança sobre esta terra
corta os campos
avança sobre os troncos
desvia elegante

elegante e veloz
atrai, atroz, avós, a sós
meu coração está inteiro
despedaço o solo
avança coriscante
entregue e certeiro
vou com você
brilho da alma
segue o caminho
exerce a potência
veloz, velozmente
atinja o ápice
enlouquecido chegar
curta as brumas
o sol esplandece

Eia, eia, Brilhante!
Desafoga, desacelera
Trota, trota
Corre macio
Desatropela
Trota, trota

Eia, Brilhante!
Sente a brisa
o solo, a vista
avisa que cheguei
Trota, trota...

Passo a passo
Sente o chão de areia
Pisa, escorrega
Afunda, refrega
Recolhe, respira
Chegamos no mar

Desassossego

Da minha janela
Ouço um barulho
Como se fora o mar
Um mar de ondas
Intermitentes
Um mar sem vagas
Sem a pausa
Respiratória
Um sopro
Intermitente
Sopra em minha janela
Vez ou outra
Um carro longínquo
Passa e imita
Uma onda
Um outro perto
Passa e alimenta
A onda surfadora
Imagina
Às vezes eu busco
O que me falta
O vento forte que
Sopra aqui
É a brisa mansa que
Falta em algum lugar
Deslocamento intermitente

Sinto um desconforto
Um desassossego
Uma paz perdida
Que vira inquietude
Irrequieta
Aquieta
Quieta
E busca ser paz
Novamente
Minha verdade
Acalma
Calma
Alma

Guia

Deus! Me ajude
Porque às vezes
Eu não sei o caminho

Como pedra, cerro a passagem
E o que é de fora não entra
E o que é de dentro não sai

Incomunicável no vasto
Mundo de dentro
Imperceptível no vasto
Mundo de fora

Uma dor deletéria
Me prega na parede
Eu suporto até o fim
Dos sentidos

As vísceras ecoam

Deus! Me ajude
Porque às vezes
Fico perdido

Não sei o que eu busco
E quando penso que sei
Não consigo buscar

A crueldade me esfacela
E meu desejo é matar
Mas a dignidade me recobra
A retidão da espera

O preconceito é um vício perverso
Anula em mim o brilho do outro
Algo do desejo que está em mim
E que por não saber nunca terei

Deus! Me perdoa
Porque às vezes
Eu o ignoro

Ensimesmado e cheio de mim
Tateando no escuro
Busco algo concreto

Mas não é fácil viver
As vezes
que a vida não é bela

Deus! Me ajude
Eu imploro
Vida Plena

Vida plena

Flores
(12/06/2018)

Trago-lhe flores
As mais belas
Que colhi
No vasto campo
De minha vida

São flores rosas
E rosas púrpuras
Tulipas vermelhas
E gérberas amarelas
São flores vivas

Trago-lhe flores
Com as cores
Do encanto
Que vem de você
Seu sorriso
Sua alegria
Tempo de felicidade

Trago-lhe flores
Beijos e amores.

Eu te amo!

Autorregulação

Um ônibus
reminiscências anímicas
um casal velho amigo
um homem e uma mulher

O bairro dos meus primos

Na indigestão
sonho com o abacaxi

Um fenômeno loiro e sedutor
deleita-se nas carnes prazerosas

O mundo é uma maravilha
para o estômago estufado, o arroto
para o desejo do corpo, o gozo

Despertar

Meus olhos estão cansados
Retiro os óculos
Olho para eles
E uma dúvida honesta
Afigura-se e questiona
Se devo trocar os
Óculos ou os olhos

Penso nas noites mal dormidas
E nos zumbis de Gabriel García Márquez
Atualizados por dois anos de pandemia
Olho para a direita e para a esquerda
Olho para o centro e perco o foco
Penso em trocar os olhos

Penso na última vez em que fui ao oculista
E a palavra datada
Que me entrega a idade
Entrega também o descaso
Com a última receita oftalmológica
Penso em trocar os óculos

Tenho olhos para fora
Que alimentam o pensamento dirigido
Tenho olhos para dentro
Que iluminam o pensamento fantasia

Quem habitará o espaço
Do concreto que se ergue
Em frente à minha janela?
Que pessoa ou pessoas
Será, serão, aquela, aquelas?

Que cidade que não dorme
Terá olhos próprios
Ou cresce às cegas
Sem o engenho da natureza
Do expandir?
Decerto que tem alma
Senão própria, emprestada

Ouço sons,
A estridente serra
E a fadiga do motor
Agora me direcionam os sentidos
Sinto cheiro de sol
Que vem da planta resistente
O calor da cozinha
O lambido na pele
Do cãozinho filhote

A sede e a fome
Em breve virão
A sorte
Tenho olhos
O sono
Tenho sonhos.

Felicidade

Felicidade, o que é?
O que buscamos?
Por que buscamos?

"Navegar é preciso"
Como disse o poeta
"Viver não é preciso"

Estou à deriva
num mar de informações
signos e ícones
de uma língua
que não domino

"Decifra-me ou te devoro"
e fico a pensar
sem achar uma saída

Mergulho no mar
ao mesmo tempo
que o mar
mergulha em mim

Vejo alguém
que não sou eu
com minhas vestes

Vejo que minhas vestes
se parecem comigo
escuto uma voz familiar

Então percebo que não escuto
penso que escuto
onde o silêncio impera

Mas compreendo
como se ouvisse

Toco uma pérola
e volto de repente

Emergido na superfície
vejo o mar e a mim

Me reconheço na dúvida
que me põe a navegar

Felicidade, onde estás?

Rosa dos Ventos

A maravilha de uma flor,
desabrochada na exuberância
de um campo florido.

A aridez do sertão,
encaminhando a vista
para a secura da terra
ornamentada com rochas
e pedras pontiagudas.

Dois cenários distintos,
um mesmo ponto,
a imaginação.

O que é a realidade,
senão o que eu vivo
em relação ao mundo,
a projeção de uma tela
mostra o que sou
e o que habita em mim,
a natureza das coisas.

As coisas que me trazem felicidade,
vivo-as com tanta intensidade,
que esqueço de sonhar.

Reconecto-me
com a criança,
com a harmonia,
com a plasticidade e fluidez,
deleite.

A verdade está presente.

As coisas que me trazem tristeza
viram-me com tanta intensidade,
que esqueço de viver,
ou vivo pelo avesso,
desvivo.

Reconecto-me
com a criança,
com a dor,
a falta,
o aperto no coração,
a estagnação.

A verdade está presente.

Do lado do campo florido,
existe a mata virgem,
a floresta,
os montes verdes.

Do lado do sertão,
a caatinga,

a chapada,
o cerrado.

Eu ando em círculo
e não em linha reta.

Toco o preto e o branco,
assim como
a floresta,
o cerrado,
o deserto,
a areia,
a água nascente,
o rio,
o mar.

Para mim,
viver é uma
experiência cardeal.

Sou como o vento,
que está e não está.

Quando estou,
transformo,
quando não estou,
simplesmente existo.

De Ítaca à Praia Grande

Não precisamos descobrir
o mistério, desvendá-lo
precisamos vivê-lo
navegar dentro dele

Uma viagem dos
sonhos, dos mitos
dos seres

Percorri mares e oceanos
Encontrei Deuses, Deusas
e monstros e monstras

Homens, mulheres e crianças
atravessaram meu
caminho e a mim

Como, também,
as sereias
e seus cantos

Povos e tesouros
reis e mendigos
pessoas distintas

Certeiro na ida
a meta de alcançar
a glória

Confuso na volta
mas não
desiludido

A brisa espalha
a neblina, a glória
contempla o regresso

Ludibriado pelos descontentes
protegido pelos sintônicos
guiado pela Deusa

Sinto o cheiro
de minha terra
de meus entes
minha casa

Conheço a natureza
do lugar e a
minha própria

Noto que sou
esperado, espero
a todos encontrar

Subi no topo da colina
Contemplando
a imensidão
e o mar

Tenho dúvidas sobre
quem sou agora
antes tudo era certeza

Matei e morri
tantas vezes
noutras, sobrevivi

Sou o mesmo de sempre
porém cotidianamente
outro

Uma Deusa africana
deleita-se
na praia

O mar se aproxima
suas ondas
tocam meus pés

O mar que eu vi
pela primeira vez
temperou
minha alma

O sol primevo
brilha forte novamente
refletindo o brilho na água

As ondas mestras
aplainam a areia
suavizam o terreno

Minha mulher, meu filho, meu cão
vêm ao meu encontro
sabia que tinha chegado
sorrio com eles

Sala

De repente estou aqui
Novamente aqui
parado defronte à cena
que imaginei tantas vezes
Que, inúmeras outras, desejei
e que aos poucos fui realizando
para não perder o fio

Um punhado de cores exuberantes
relaxando meu coração
instigando minha mente
conectando-me à plasticidade
do sorriso
do encontro de momentos
improváveis
despretensiosos
improváveis

Aqui estou ouvindo
samba, bossa, choro e rock'n'roll

Um conjunto de coisas
e avenidas e passos
e pernas e olhares

Um conforto à minha
imaginação, que
não precisa trabalhar
enquanto estou
aqui sentado
ouvindo
comendo
apreciando
o pulsar da vida

O menino

Desce o menino
ladeira abaixo
bicicleta sem freio
choca-se com o muro
bate de frente ao portal

Da moita, assustado
levanta-se, respira
como quem tem pressa
de saber se está vivo

Apoia-se no poste
olha os amigos
apoia-se no ar e
vê a multidão
que parou para olhar
o menino discreto
assustado e surpreso
com a vida
agarrada a seu corpo

Música

Que alma tens
companheiro da música
que tocas tão bem
o som da serenidade
e ao tocares
ao certo sabes
a quem toca
a suave música.

Ou será que não o sabes?
E ao certo é este
a quem toca a suave música
que deseja saberes tocado.

De onde vens, suavidade
que toca o companheiro
da música e me toca
a música por ele tocada?

Para onde vais, suave música
que não me levas contigo
para o templo do tempo,
da música, da vida, da arte?

A Borboleta, o Touro e o Cavalo

Ei, menino
Estou aqui
Não te atropeles
Estou aqui
Não saias por aí
Sem te aperceberes
De mim
Não vá às ruas
Empinar as pipas
Sem um convite
Que possas me oferecer
Achando
Que não ligo
E que fui por aí
Não saias a
Rodar o pião
Achando
Que não ligo
Para a fieira.
Em tua mão
Não jogues a
Bolinha de gude
Sem a certeza
De que eu
Ache

Verdadeira
A escolha
Da bolinha
Jogadeira
Não penses
Que no campinho
Estás sozinho
No cabeceio da bola
Na batida do escanteio
No drible que deu certo
Na arrancada pela direita
E no chute cruzado
E às vezes no corte
E no chute de esquerda
Buscando a forquilha
Não estás sozinho
Nem na bola
Embaixo das pernas
Ou na entrada dura
Que te bota no chão
Estou aqui
Menino
Não te deixo
Nem quando
Vais para a escola
No desafio
De descobrir
Nas letras e números
As coisas abstratas
Deste mundo

Não estás sozinho
Nem mesmo quando vês
Aquele monte de gente
Que não é parente
E podes angariar
Nas brincadeiras
Do recreio
Um amigo
Além de mim
Não te preocupes
Menino
Pois nunca
estás sozinho
Eu voo
Ao seu lado

O sorriso do banguela

Contentamento
Coisa que enche no peito
Que brilha nos olhos
Que me abre a boca
E mostro os dentes

Contentamento
Estou cheio de mim
Cheio de Eu e de Outros
Estou pleno
Contente
Com dente

Uma rosa amarela
Uma sopa amarela
Uma xícara vazia

Pétalas, caule, folhas

O sorriso do banguela
A boca vazia
Aberta
Contente

Contentamento
Sorrio
Sorridente

Zezé

Um homem velho
Irmão de meu pai

Diante do nada
Ainda lhe restava
Uma dúvida

Parava no tempo
A cabeça alva balançava
Confrontando o sim e o não
Postergava a certeza

Não era uma questão qualquer
Um tema banal
Parecia uma dúvida elementar
Guardada a sete chaves

A resposta ecoava em sua mente
Chegava aos ouvidos
Mas a boca não revelava

Confuso, contudo
No momento, lúcido
Pausava...
Pensava...
E dizia: é?! É!

Falava com os prédios
Em frente à janela
Compreendia a *anima mundi*
Era um ancião

Naquele momento
Éramos dois desconhecidos
Mergulhados no tempo

Mergulhado com ele
Resgatei o sobrinho
E as lembranças fluíram
Num filme gentil
Como em *Cinema Paradiso*

Totó, Toninho, Zezé
José ecoado, duplicado
Irmão de outro José
Um homem de bem,
Um homem honesto

Um bem amado

Pan

Cento e vinte dias para se chegar a uma
                            [palavra
Cento e vinte dias, desde que tudo se voltou
                            [para dentro
Dentro de minha casa, dentro de meu quarto,
dentro de minha sala,
minha cozinha, dentro de mim

O único fora é a sacada
que me liga ao horizonte
oferecendo-me o sol nascente
nas manhãs de alongamento e a lua
quando o céu permite
no lusco-fusco das meditações
e orações, pedindo por paz,
saúde e serenidade,
para mim, para família,
para o Brasil, para o mundo.

A preocupação com o desconhecido
e o senso de preservação
fizeram vir rompimento abrupto:
a necessidade de trazer o mundo para dentro.
Trabalho, escola, lazer, reuniões familiares.
Tudo isso, agora, acontecendo de casa.

Tudo ficou intenso, condensado, denso, tenso.
Com dúvidas latentes e esperança
                [apaziguadora.

De repente a sala virou academia
e campo de futebol para brincar com o filho
e seu quarto virou também sala de aula
o escritório, este sim, teve a chance de
                [cumprir seu papel
virou home office
e a sacada, nosso elo com o externo,
tornou-se também o espaço do café da manhã
nos dias ensolarados e bar à luz da lua e de
                                [velas
com direito a vinho, queijo, pão rústico,
bossa nova, jazz e MPB,
para curtir ao lado da musa e companheira.

Ali em nosso bar do terraço,
falamos do filho, da família, dos amigos,
de política, psicologia, Jung e religião.
Falamos do trabalho, de filmes, música,
cinema, literatura.
O assunto girando quase sempre em torno
do isolamento e da pandemia
Conversamos sobre a vida
e as incertezas do momento...
e o silêncio...
o incompreensível silêncio

Não dava para imaginar
que tudo mudaria assim tão de repente
Todo frenesi, toda agitação
culminando na abrupta queda
que a ruptura virulenta nos fez cair
Comércio fechado, ruas vazias,
casas coladas, isoladas, caladas
A esperança ecoa no tom da solidariedade
que aparecera na preocupação
com os idosos, as crianças, os ambulantes,
os mais pobres, os vulneráveis
Os aplausos nas janelas

Durante as pausas entre um assunto e outro
o olhar dirigido para o horizonte
limitado pela noite que avança
devolve-me para dentro
para sacada
para a amada
para o blues
para mim

Esta ruptura é antiga
não veio com o vírus
não veio de fora
veio de dentro...

...Imensidão
trazendo à tona
o que de mim também é vasto

e de mim, incompreensível,
calo...

Cento e vinte dias...
Uma palavra...
O sol brilha no inverno paulistano

Essencial

Agradecimentos

A Camila e Pedro, por compartilharem das sutilezas da vida, vivendo próximos a mim, meu amor e meu afeto.

Aos familiares e amigos, que compõem comigo minha história, jornada e trajetória, onde piso, onde vivo e o que sou.

À Ana, por me ajudar, nos últimos 12 anos, na análise e reflexão dos conteúdos oníricos, mergulho e levitação, fornecendo-me escudo e boas flechas.

À Marcia Ligia, que fez a primeira análise crítica de minhas poesias, concluindo com a publicação em 2012 do meu primeiro livro: *O café que saboreio*.

Aos colaboradores da Editora Labrador, Diego, Pamela, Leticia, Rosangela e a todos que direta ou indiretamente ajudaram na realização deste trabalho.

p.s.: Ao Deus de minha mãe, de meu pai, de meus avós, de meus antepassados e por conseguinte, meu também. Ao Deus que é uno, e por isso mesmo, diverso.

FONTE Dupincel VF
PAPEL Pólen Bold 90 g/m²
IMPRESSÃO Paym